Bibliografische Information der Deutschen Nationalbibliothek:

Die Deutsche Bibliothek verzeichnet diese Publikation in der Deutschen National-bibliografie; detaillierte bibliografische Daten sind im Internet über http://dnb.d-nb.de/ abrufbar.

Impressum:

Copyright © 2018 GRIN Verlag
Druck und Bindung: Books on Demand GmbH, Norderstedt Germany
ISBN: 9783668780613

Dieses Buch bei GRIN:

https://www.grin.com/document/437917

Jessica Borchardt

Geburtstraumata. Ereignisse während und vor der Geburt und deren Einfluss auf das Leben

GRIN Verlag

GRIN - Your knowledge has value

Der GRIN Verlag publiziert seit 1998 wissenschaftliche Arbeiten von Studenten, Hochschullehrern und anderen Akademikern als eBook und gedrucktes Buch. Die Verlagswebsite www.grin.com ist die ideale Plattform zur Veröffentlichung von Hausarbeiten, Abschlussarbeiten, wissenschaftlichen Aufsätzen, Dissertationen und Fachbüchern.

Besuchen Sie uns im Internet:

http://www.grin.com/

http://www.facebook.com/grincom

http://www.twitter.com/grin_com

Deutsche Angestellten-Akademie GmbH
Fachschule für Sozialwesen

Fachrichtung Sozialpädagogik

Staatlich anerkannte Erzieherin

Facharbeit

-Geburtstrauma-
Ereignisse während und vor der Geburt, haben Einfluss
auf unser ganzes Leben.

vorgelegt von:

Borchardt, Jessica

Inhaltsverzeichnis

Einleitung

Die Verfasserin stellte sich folgende Fragen, wie erlebt ein Kind seine Geburt, und gibt es Zusammenhänge zwischen Geburtstrauma und Verhalten und Erinnerungen bei Kindern? Die Verfasserin will beweisen, dass die Ereignisse während und vor der Geburt, Einfluss auf unser Leben haben. Des Weiteren beschäftigt sich die Verfasserin seit der Geburt ihrer Tochter mit diesen Fragen. Durch ihre Ausbildung zur staatlich Anerkannten Erzieherin gewann dieses Thema für sie immer mehr an Bedeutung. Geburtstrauma ist bei vielen auch heutzutage ein umstrittenes Thema. Einige sind der Meinung, dass ein Kind die Geburt auf Grund fehlender Gefühle und Empfindungen nicht miterlebt. Durch Forschungserkenntnisse herrscht jedoch die Meinung, dass jedes Kind seine eigene Geburt als ein fühlendes Wesen miterlebt. Durch die Hirnforschung hat man erkannt, dass sich die Erlebnisse während und vor der Geburt tief einprägen und Einfluss auf unser Leben haben.[1] Von Anfang an ist das Ungeborene ein Wesen mit eigenen Empfindungen. Es lernt die Gefühlswelt der Mutter kennen und teilt gemeinsame Erfahrungen mit ihr. Es macht Prä- und Perinatal seine eigenen Wahrnehmungen und Beobachtungen. Diese Erfahrungen prägen sich in das Gehirn und das Nervensystem ein, was sich so stetig weiter entwickelt. Diese Erfahrungen können von Anfang an die Genetik beeinflussen und somit Auswirkung auf das ganze Leben bedeuten.[2] Anhand dieser Erkenntnisse stellen sich folgende Fragen, was geschieht in dem Moment, in dem ein Geburtstrauma ausgelöst wird. Was können Auslöser für eine traumatische Geburt sein, welche Verhaltensweisen können durch die Geburt geprägt sein, und was können Folgen einer traumatisch erlebten Geburt in der Kindheit sein? Zur Beantwortung der genannten Fragen wird in dieser Arbeit wie folgt vorgegangen: Zunächst soll als Grundlage der Begriff des Geburtstraumas und der Traumatischen Geburt definiert werden. Danach soll erläutert werden, was während eines Geburtstraumas unter einer vaginalen Geburt und unter einer Kaiserschnitt Geburt geschieht.

Pränatal : vor der Geburt
Perinatal: Der Zeitraum kurz vor, während und kurz nach der Entbindung.

[1] Vgl. Bloemke, Viresha J.: Es war eine schwere Geburt .... Wie traumatische Erfahrungen verarbeitet werden können. 3,München:Kösel-Verlag Verlagsgruppe Random House GmbH 2012, Seite 144.
[2] Vgl. ebd. Seite 138.

Im Anschließenden soll aufgeführt werden, was die Ursachen und Auslöser für eine Traumatische Geburt sein können. Im weiteren Verlauf werden verschiedene Folgen und Symptome betrachtet, welche als auffälliges Entwicklungsverhalten in der kindlichen Entwicklung beschrieben werden. Aufgeführt werden in diesem Kapitel das Inkompetenzsyndrom, Erinnerungen und Ausdruck im Verhalten, Ängste, die Störung der Mutter-Kind-Bindung und das Schreibaby-Syndrom. Im daran anschließenden Kapitel, werden einige Therapie- und Behandlungsmöglichkeiten beschrieben. Aufgeführt werden in diesem Kapitel: die Osteopathie, die Traumatherapie, Familientherapie, Babymassage, die Schreibaby-Ambulanz und die Eltern-Kind-Bindung. Zusätzlich führt die Verfasserin in einigen Kapiteln eigene erlebte Beispiele an, um ihre These zu bekräftigen. Danach erfolgt der Empirische Teil mittels eines qualitativen Verfahrens, des Interviews. Abschließend wird ein Handlungskonzept basiert auf den Theoretischen und Praktischen Ergebnissen erstellt.

1 Definition Geburtstrauma

Das Wort „Trauma" wird übersetzt als „Wunde" und stammt ursprünglich aus dem Griechischen. Es wird nicht nur bei körperlich starken Verletzungen, sondern auch bei seelischen Erschütterungen und psychischen Verletzungen als Folge eines Traumas bezeichnet.[3] Durch verschiedene Forschungsergebnisse weiß man, dass die Geburt für das Neugeborene eine schwierige und traumatische Erfahrung ist.[4] Diese Traumata sind negative Erfahrung seelischer Verletzung und/oder seelischen Schocks und seelischen Schmerzen. Sie sind so intensiv, dass sie unmittelbar abgewehrt werden. Für seelische Störungen und dysfunktionelle Syndrome, sind Traumata häufig die Ursache.

Symptome: ein Zeichen, aus dem man etwas – meist etwas Negatives – erkennen kann, z. B. eine Krankheit, eine ungünstige Entwicklung
Syndrom: bezeichnet eine Kombination von verschiedenen Krankheitszeichen
Schreibaby-Ambulanz: Sprechstunde und Tagesklinik für Familien mit Babys und Kleinkindern
Empirischer Teil: Erforschung bestimmter Sachverhalte
dysfunktionelle: Funktionsstörung

[3] Vgl. Bloemke, Viresha J.: Es war eine schwere Geburt .... Wie traumatische Erfahrungen verarbeitet werden können. 3,München:Kösel-Verlag Verlagsgruppe Random House GmbH 2012, Seite 18.
[4] Vgl. Emerson, William: Leben, Geburt, Wiedergeburt und ihre verwirrende Widerspiegelungen. In: Janus Ludwig(Hrsg.): Behandlung von Geburtstraumata bei Säuglingen und Kindern. Gesammelte Vorträge. Heidelberg: Emmerson Training Seminars Mattes Verlag 2012, Seite 11.

Ein Trauma verursacht immer zweierlei Ergebnisse, der Zwischenfall an sich und die darauffolgende Reaktion des Babys auf diese Zwischenfälle. Die Reaktion an sich auf die Geburtskomplikationen wird durch ein gewisses Maß an Persönlichkeit und Charaktereigenschaften bestimmt.[5] Erlebnisse im Mutterleib und die Geburtserfahrungen werden als Erinnerung in unserem Unterbewusstsein gespeichert.[6] An das Unterbewusstsein kommt man ohne Psychologisches Wissen nicht heran, denn es liegt in jedem Menschen verborgen. Dies kann man sich sehr gut verdeutlichen, in dem man sich einen Eisberg vorstellt, bei dem nur die Spitze aus dem Wasser ragt. Die kleine Spitze die aus dem Wasser ragt, ist in diesem Fall das Bewusstsein, das sind die Handlungen und Gedanken, die uns in dem Moment bewusst sind. Direkt darunter befindet sich zu einem kleinen Teil das Vorbewusstsein. In diesem werden zum Beispiel das Wissen, die Gefühle und die Gerüche abgespeichert, die man spontan nicht weiß, aber wieder in das Bewusstsein zurück holen kann. Unter dieser kleinen Schicht unter dem Wasser ragt der Eisberg weit in die Tiefe, dies ist unser Unterbewusstsein. Hier sind alle unsere Erlebnisse, Erfahrungen und Triebe gespeichert.[7]All diese Erlebnisse sind ein Teil unserer eigenen Identitäts- und Erlebnisgeschichte.[8] Geburtstraumata in ihrem kompletten Umfang kann man sich nicht vorstellen, aber sie können wieder erlebt werden.[9] Die Definition laut Duden ist, „durch den Geburtsakt entstandener psychischer oder physischer Schaden bei Mutter und/oder Kind".[10]

2 Die Geburtsphasen und die daraus resultierenden Geburtstraumata

Die Verfasserin stellt in diesem Abschnitt zwei verschiedene Arten der Geburt dar. Bei beiden Varianten, ein Kind auf die Welt zu bekommen, können die erlebten Traumata anders aber keineswegs leichter sein.[11]

---

[5] Vgl. Emerson, William: Leben, Geburt, Wiedergeburt und ihre verwirrende Widerspiegelungen. In: Janus Ludwig (Hrsg.): Behandlung von Geburtstraumata bei Säuglingen und Kindern. Gesammelte Vorträge. Heidelberg: Emmerson Training Seminars Mattes Verlag 2012, Seite 24.
[6] Vgl. Ludwig, Janus: Der Seelenraum des Ungeborenen. Pränatale Psychologie und Therapie.3,Ostfildern: Patmos Verlag der Schwabenverlag AG2011, Seite 9
[7] Vgl. Hobmair, Hermann (Hrsg.): Pädagogik. 6 Auflage, Köln: Bildungsverlag EINS GmbH 2016, Seite 111-112.
[8] Vgl. Ludwig, Janus: Der Seelenraum des Ungeborenen. Pränatale Psychologie und Therapie.3,Ostfildern: Patmos Verlag der Schwabenverlag AG2011, Seite 9.
[9] Vgl. Janov, Arthur: Frühe Prägungen. Ulm: Franz Spiegel Buch GmbH 1984, Seite 14.
[10]Zitat. http://www.duden.de/rechtschreibung/Geburtstrauma zugriff 03.01.2018 12:30
[11] Vgl. Janov, Arthur: Frühe Prägungen. Ulm: Franz Spiegel Buch GmbH 1984,Seite 107

2.1 Die Geburtsphasen und die daraus resultierenden Geburtstraumata unter einer vaginalen Geburt

Ein paar grundlegende Information zu diesen Phasen. Unter der vaginalen Geburt wird der Schädel verformt und nimmt so verschiedene Konturen an. Den so kann der Kopf durch den Geburtskanal austreten. Bei einer Geburt die völlig ohne Trauma geschieht, formt sich der Kopf in seine ursprüngliche Position zurück. Das Zurückformen der Schädelknochen geschieht in wenigen Stunden, kann aber auch mehrere Tage in Anspruch nehmen. Unter einem Trauma geschieht folgendes, in dem Moment, wenn ein Trauma statt findet, fixiert sich die Stellung der Schädelknochen. Aber nicht nur diese, sondern auch beispielsweise die momentane Haltung des Körpers, des Schädels und des Skelettmuskelsystems. Diese Fixierungen bleiben solange bestehen, bis das Trauma aufgelöst wird. Es gibt vier Geburtsphasen, die hier kurz veranschaulicht werden. In der ersten Phase beginnt gerade der Geburtsprozess. In dieser Phase wird vorwiegend Druck auf den seitlichen Kopf ausgeübt. Menschen mit einem schmalen oberen Kopf haben deshalb ungelöste Traumata in der ersten Geburtsphase. Bei einer Enge am oberen Kopfbereich sind diese Menschen in dieser Phase stecken geblieben. Dagegen bei einer starken Auswölbung, in der späteren ersten Geburtsphase. In der zweiten Phase dreht sich der Kopf und es kann zu einer leichten Eindrückung der Stirn oder des Kopfes am unteren Teil auf der linken oder rechten Seite kommen. Bei Menschen die in dieser Phase ein Trauma erlitten haben, kann man dies sehr gut betrachten, in dem man sich den Kopf von oben anschaut. In der dritten Phase der Geburt legt der Druck sich auf den Hinterkopf und das Gesicht, und gibt den Druck weiter an den gesamten Schädel. Liegt in dieser Phase ein Trauma vor, so kann man es daran erkennen, dass die Stirn des jeweiligen, die Form des Kreuzbeines der Mutter angenommen hat. Merkmale hierfür sind, wenn die Stirn nach oben abgeschrägt verläuft oder wenn an der oberen Stirnmitte eine Art flacher Punkt oder Krater zu finden ist. In der vierten und letzten Phase, in der der Kopf aus dem Geburtskanal hervortritt, finden häufig Knochenbrüche statt. Zu diesen vier Phasen gibt es auch noch die morphogenetische Theorie des Geburtstraumata. Diese beschreibt den Weg wie die Mutter ihre eigenen, ungelösten Geburtstraumata an das Kind übertragen kann.

Geschehen kann dies, weil alle Gelenkverbindungen der einzelnen Schädelknochen in der Wechselwirkung mit den Gelenkverbindungen des Kreuzbeines und des Beckens in einer direkten Beziehung stehen. Das bedeutet, wenn sich der Kopf vorwärts bewegt, bewegt sich auch dementsprechend das Kreuzbein. Jede Bewegung wird so gespiegelt. Mütter die ein ungelöstes Trauma an ihrem Kopf haben, geben dieses so direkt an ihr Becken weiter, weil ihr eigenes Becken ihre eigenen traumatischen Stellungen des Kopfes widerspiegelt. Demzufolge übertragen die Mütter denselben Geburtsdruck an ihr Baby weiter, den sie während ihrer eigenen Geburt selbst erlebt haben. Aus diesem Grund, kann man in Familien oft dieselbe Schädelform erkennen, weil sie so von Generation zu Generation weiter gegeben wird.[12]

2.2 Die Geburtsphasen und die daraus resultierenden Geburtstraumata unter einer Kaiserschnitt-Geburt

In den meisten fällen, wird unter zwei Bedingungen ein Kaiserschnitt vorgenommen. Entweder wird er vorgenommen wenn bei der Mutter die Kontraktionen schon begonnen haben oder wenn das Kind schon über dem errechneten Geburtstermin ist und noch keine Kontraktionen eingesetzt haben. Wenn die Kontraktionen bei einem Kind schon eingesetzt haben, befindet es sich in der Phase in der es sich bereit macht für eine Geburt. In dieser Phase stellt sich bei einem Kind der Organismus auf die Geburt ein. Ohne diese Kontraktionen fehlt dem Kind ein wichtiges Entwicklungsstadium. Das Nervensystem kann in diesem Fall nicht ausreichend genug aktiviert werden, dies kann wiederum bedeuten, dass Folgen in seiner späteren Entwicklung auftreten können. Diese Phase der Kontraktion ist in der Entwicklung des Gehirns eine bedeutende Zeit. Es empfängt gewisse Reize, die es benötigt um zu wachsen und somit sind sie von großer Bedeutung für das Kind. In der weiteren Entwicklung wird keine Art von Stimulationen diesen Mangel je ausgleichen können.

Kreuzbein: aus fünf miteinander verschmolzenen Wirbeln gebildeter, keilförmiger Knochen am untersten Abschnitt der Wirbelsäule
Kontraktionen: das Sich zusammenziehen eines Muskels

[12] Vgl. Emerson, William: Leben, Geburt, Wiedergeburt und ihre verwirrende Widerspiegelungen. In: Janus Ludwig (Hrsg.): Behandlung von Geburtstraumata bei Säuglingen und Kindern. Gesammelte Vorträge. Heidelberg: Emmerson Training Seminars Mattes Verlag 2012, Seite160 ff.

Wenn ein Kind per Kaiserschnitt auf die Welt kommt, wird es herausgehoben, in diesem Fall hängt die Nabelschnur senkrecht nach unten. Im Vergleich bei einer vaginalen Geburt ist sie seitlich bei dem Kind. In diesem Moment ist es nicht zu verhindern, dass ein Teil vom Blut zurück zur Plazenta fließt. Hierfür reichen wenige Sekunden aus, das das Kind ein Gefühl erleidet, ähnlich dem, dass ihm jemand die Luftzufuhr abschneidet. Ein weiteres Trauma während eines Kaiserschnittes, hat mit dem Fruchtwasser zu tun. Wenn Kinder anfangen zu atmen, kann es vorkommen, dass das Fruchtwasser anfängt zu schäumen. Bei einem Kaiserschnitt kann es passieren, dass die Lungen des Kindes gefüllt sind mit diesem Schaum. Dieser Vorgang ist aber nicht sichtbar und so bemerkt man nicht, dass das Kind bereits am Ersticken ist. Bei der vaginalen Geburt kommt dies für gewöhnlich nicht vor, da während der Kontraktionen eine Art Massage statt findet, die dafür sorgt, das die Flüssigkeit aus den Lungen getrieben wird.[13]

3 Perinatale Ursachen und Auslöser von Geburtstraumata

Im Folgenden Kapitel, werden einige traumatische Geburtsereignisse beschrieben, die zu einem Geburtstrauma führen können. Eine Geburt kann ganz unterschiedliche Komplikationen haben, wie beispielsweise durch den Einsatz von Zange oder Saugglocke, den Kaiserschnitt, die Narkosemittel, einem Dammschnitt und lang anhaltende Wehen.[14] Aber auch vorgeburtliche und geburtliche Gefühle können ein Trauma auslösen, wie Beispielsweise, plötzliche Veränderung der Lebenssituation während der Schwangerschaft. Das kann ein Bruch der Elternbeziehung, ein Familienstreit oder Todesfall sein. Diese plötzlichen Veränderungen können bedeuten, dass das Kind später starke autistische Züge entwickelt.[15] Des Weiteren können, die Reizüberflutung nach der Geburt und die Trennung von der Mutter unmittelbar nach der Geburt ein Trauma auslösen.[16] Ein weiteres Trauma ist das das Partizipationstrauma. Dabei wird der Geburtsstress der Eltern direkt auf das Baby durch die Nabelschnur übertragen.[17]

---

[13] Vgl. Janov, Arthur: Frühe Prägungen. Ulm: Franz Spiegel Buch GmbH 1984,Seite 107-108.
[14] Vgl. Emerson, William: Leben, Geburt, Wiedergeburt und ihre verwirrende Widerspiegelungen. In: Janus Ludwig (Hrsg.): Behandlung von Geburtstraumata bei Säuglingen und Kindern. Gesammelte Vorträge. Heidelberg: Emmerson Training Seminars Mattes Verlag 2012, Seite 25-26.
[15] Vgl. Ludwig, Janus: Der Seelenraum des Ungeborenen. Pränatale Psychologie und Therapie.3,Ostfildern: Patmos Verlag der Schwabenverlag AG 2011, Seite 156 – 157.
[16] Vgl. Janov, Arthur: Frühe Prägungen. Ulm: Franz Spiegel Buch GmbH 1984,Seite 117 – 118.
[17] Vgl. Emerson, William: Leben, Geburt, Wiedergeburt und ihre verwirrende Widerspiegelungen. In: Janus Ludwig (Hrsg.): Behandlung von Geburtstraumata bei Säuglingen und Kindern. Gesammelte Vorträge. Heidelberg: Emmerson Training Seminars Mattes Verlag 2012, Seite 24.

4 Symptome und Folgen von Geburtstraumata

4.1 Inkompetenzsyndrom

Ein sehr häufiges Symptom für dieses Syndrom äußert sich darin, das Kinder die darunter leiden, überdurchschnittlich oft den Satz „Ich kann nicht" verwenden. Sie äußern diesen Satz stark gefühlsbetont und oft weinend, in Zusammenhang mit Dingen, die sie schon können oder wenn sie gerade dabei sind neue Dinge zu erlernen und bei neuen Entwicklungsschritten. Das ständige Wiederholen des Satzes führt demnach so zu einem mangelnden Selbstwertvertrauen, also einem Inkompetenzsyndrom. Dieses Syndrom spiegelt traumatische Umstände wieder, wie zum Beispiel das Verlassenheitsgefühl bei adoptierten Kindern oder Kindern die sich durch medizinische Eingriffe zur Wehr setzen mussten.[18]

4.2 Erinnerungen und Ausdruck im Verhalten

Kinder mit emotionalen oder psychischen Verhaltensweisen, wie zu Beispiel sehr wütende oder zornige Kinder, können ein traumatisches Erlebnis während der Geburt gehabt haben, was sie geprägt hat. Unter der Geburt können sie zum Beispiel ein Gefühl des Zorns und der Wut gehabt haben und die hat sich dann als Emotionsmuster manifestiert.[19] Ein Geburtserlebnis speichert der Körper ganz unbewusst ab. Das heißt, dass in symbolisch vertretbaren Situationen der Geburt, wie zum Beispiel ein Tunnel als Geburtsweg oder eine Höhle als Mutterleib, können diese Einprägungen die sprachliche Äußerung beeinflussen. Dies bedeutet zum Beispiel, dass ein „Ich komme nicht weiter" auf ein Steckenbleiben während der Geburt hindeuten kann oder ein „ Ich fange alles verkehrt an" auf eine Steißgeburt hinweist.[20] Geburtserinnerungen werden aber nicht nur im Verhalten sichtbar, sondern spiegeln sich auch in Träumen und Albträumen wieder und können so wieder erlebt werden.

---

[18] Vgl. Emerson, William: Leben, Geburt, Wiedergeburt und ihre verwirrende Widerspiegelungen. In: Janus Ludwig (Hrsg.): Behandlung von Geburtstraumata bei Säuglingen und Kindern. Gesammelte Vorträge. Heidelberg: Emmerson Training Seminars Mattes Verlag 2012, Seite 98.
[19] Vgl. Janov, Arthur: Frühe Prägungen. Ulm: Franz Spiegel Buch GmbH 1984, Seite 270.
[20] Vgl. ebd. Seite 316 ff.

Kinder mit Geburtstraumata leiden häufig an Albträumen, in denen sie Symbolhaft in Situationen verwickelt sind, welche sie bei der Geburt als Empfindungen und Gefühle erlebt haben und unbewusst wieder erinnern. Auf eine traumatische Geburt kann es hinweisen, wenn Kinder beispielsweise Träume vom steckenbleiben, erdrücken, ersticken, gewürgt, oder zerquetscht zu werden haben. [21]

4.3 Ängste

Im Mutterleib und bei der Geburt erlebte Empfindungen können später in Spielen und Phantasien, Träumen, gefühlshaften Erwartungen und Körperempfindungen gegenwärtig wieder erlebt werden. Dies kann sich zum Beispiel in Ängsten widerspiegeln.[22] Die Verfasserin ist in diesem Kapitel auf einige Eingegangen, die sie näher definiert. Die Dunkelangst ist eine der häufigsten Kinderängste. Wenn man die Dunkelangst als ein Spiegel zur Geburt betrachtet, in dem das Kind die Erfahrung der Veränderung am Anfang der Geburt machte, als es sich eingeschlossen fühlte und jetzt eine Veränderung zum Beispiel in der Familie geschieht, erlebt es dann ähnlich dieses eingeschlossen sein im Dunklen wieder. Auch das Eingeschlossen sein, ist eine Angst, die als unbewusste Wiederholung einer Geburtsangst auftreten kann. Dies kann man zum Beispiel gut beobachten, wenn ein Kind sich enge Kleidungsstücke überzieht und sich dabei eingeschlossen fühlt, Angst bekommt oder sehr hektisch wird.[23] Zwei Beispiel hierzu als selbst erlebte Erfahrungen der Verfasserin, ist das ihre Tochter jegliche Art von Oberbekleidung hektisch über den Kopf zieht und schnell ein beklemmendes Gefühl dabei bekommt, wenn es nicht schnell genug über den Kopf geht. Das zweite hier dargestellte Beispiel, fand in einem Theater statt. In diesem Theater war schummriges Licht und das Kind (4 Jahre) sollte mit der Mutter durch eine lange, enge Stuhlreihe durchlaufen. Mit einmal bekam das Kind Angst und weinte. Warum es ihm so eine Angst machte wusste es allerdings nicht.

---

[21] Vgl. Janov, Arthur: Frühe Prägungen. Ulm: Franz Spiegel Buch GmbH 1984,Seite 225.
[22] Vgl. Janus, Ludwig: Wie die Seele entsteht. Unser psychisches Leben vor und nach der Geburt. München: Deutscher Taschenbuch Verlag GmbH & Co. KG 1993, Seite 98
[23] Vgl. ebd. Seite 99

Eine weitere Angst ist die Trennungsangst. Diese Kinder haben oft Angst vor dem Verlust der Eltern. Der Auslöser hierfür, kann zum Beispiel in der plötzlichen Trennung von der Mutter oder bei einer schwierigen Geburt liegen.[24]

4.4 Störungen der Mutter-Kind-Bindung

Die Störung der Mutter Kind Bindung wird hervorgerufen durch die Trennung des Neugeborenen von der Mutter direkt nach der Geburt. Besonders wichtig ist für die Mutter-Kind-Bindung, dass das Baby und seine Mutter unmittelbar nach der Geburt Blick-Kontakt zueinander haben. Dies wird durch körperliche Nähe und Berührung vertieft. Untersuchungen haben ergeben, dass das Stresshormon Cortisol bei frühem Kontakt mit der Mutter sinkt und bei ausbleiben des Kontaktes das Hormon steigt und so längere Zeit im Körper verbleibt und das Neugeborene Quasi unter Stress steht. Weiterhin unterbleibt nach einer Trennung der Mutter auch das Stillen, was ein sehr wichtiges Bindungserlebnis ist.[25] In dem Moment, wenn das Baby auf der Welt ist, funktioniert das Gehirn so, dass es eine Ähnlichkeit zwischen den neuen Reizen und den bekanten Reizen sucht. Das Baby sucht nach dem vertrauten Herzschlag, der Stimme und nach den sanften schaukelnden Bewegungen die es im Mutterleib bereits wahrnehmen konnte. Bei einer Trennung direkt nach der Geburt, kann das Baby somit keine direkte Verbindung schaffen. Es wird stattdessen mit zu vielen neuen Informationen überladen und das Ergebnis daraus ist wiederum Angst und Verwirrung. Findet allerdings dieser erste Kontakt direkt nach der Geburt statt, so kann es die vertraute Stimme und den Herzschlag der Mutter hören, das Baby kann die sanfte Atmung, das heben und senken des Brustkorbes fühlen und sich dabei entspannen. Im Laufe des Lebens, wird ein Mensch nie wieder mit so vielen geballten Informationen konfrontiert, wie bei seiner Geburt.[26] Man hat heraus gefunden, das Babys die diesen ersten Kontakt der Mutter nicht erleben, viel häufiger weinen und seltener lachen.[27]

---

[24] Vgl. Janus, Ludwig: Wie die Seele entsteht. Unser psychisches Leben vor und nach der Geburt. München: Deutscher Taschenbuch Verlag GmbH & Co. KG 1993, Seite.102
[25] Vgl. Janov, Arthur: Frühe Prägungen. Ulm: Franz Spiegel Buch GmbH 1984,Seite 118.
[26] Vgl. Solter, Aletha J.: Warum Babys weinen. Die Gefühle von Kleinkindern. München: Kösel-Verlag GmbH & Co 1987, Seite 22 – 23.
[27] Vgl. ebd. Seite 27.

4.5 Schreibaby-Syndrom

Alle Babys schreien, aber Schreibabys schreien häufiger als andere. [28] Nach der Erfahrung von Paula Dietrichs, die Gründerin einer Schreibaby Ambulanz der „Rückhalt - Der Verein für körperorientierte Krisenbegleitung e.V." gibt es zwei Quellen die zu einem Schreibaby-Syndrom führen können. Dies kann hervorgerufen werden durch, eine Kontaktstörung mit der Mutter, die durch ihre eigene Persönlichkeit von innen her blockiert ist, um im vollen Umfang Geborgenheit, Halt und Kontakt zu bieten. Die zweite Quelle resultiert aus traumatischer Erfahrung des Babys. Diese sind zum Beispiel heftige Geburtskomplikationen, Trennung nach der Entbindung, Kaiserschnitt oder Operation im Uterus. Es besteht aber auch die Möglichkeit, dass beide Quellen in einer Mischform aufeinander treffen. Bei einem Schreibaby geraten die essentiellen Bedürfnisse, die aus fünf Dingen bestehen: Ruhe und Schlaf, Liebe, Halt und Geborgenheit, Nahrung und Kontakt, in ein Ungleichgewicht. Diese Babys sind komplett angespannt in diesen fünf Bedürfnissen. Sie fangen an zu Krampfen und man spürt, dass sie in eine Art, Alarmzustand sind. Auch sind sie oft sehr erschöpft und zeigen es in dem sie sich die Augen reiben, oder etwas ältere Kleinkinder sind oft am gähnen und kommen trotzdem nicht zur Ruhe. Die Schreiattacken sind sehr unterschiedlich, bei manchen sind sie eher nachts, bei anderen eher am Tag und bei einigen kommt es sogar zu jeder Tages- und Nachtzeit vor.[29] Oft wird in diesem Zusammenhang die Diagnose „Dreimonatskoliken" genannt. Mit diesem Begriff Koliken wird dem Baby unterstellt, dass die Ursache des Schreiens durch Leibschmerzen verursacht werden. Dagegen sprechen einige Indizien, wie zum Beispiel, das Baby schreit unmittelbar nach der Geburt und es hält länger als drei Monate an, „richtige" Koliken beginnen erst nach zwei Wochen und enden um den dritten Lebensmonat, Babys mit „richtige" Koliken stoßen mehrmals am Tag auf und lassen Winde ab, ohne jedoch zu wimmern, Schreibabys schlucken oft Luft und bekommen auch dadurch Bauchkrämpfe.[30] Die Verfasserin kann dies im vollen Umfang durch Erfahrung an ihrem eigenen Kind bestätigen.

---

[28] Vgl. http://www.hebammenwissen.info/blaehungen-und-koliken-als-ursache-fuer-abendliche-schreistunden/ zugriff 03.01.2018 13:56
[29] Vgl. Harms, Thomas: Auf die Welt gekommen. Die neuen Baby-Therapien. Berlin: Ulrich Leutner Verlag 2000, Seite 243.
[30] Vgl. http://www.hebammenwissen.info/blaehungen-und-koliken-als-ursache-fuer-abendliche-schreistunden/ zugriff 03.01.2018 13:56

Ihre Tochter hatte seit dem zweiten Abend nach der Geburt diese angeblichen Koliken. Sie fing immer ca. ab 22 Uhr an zu Schreien und genau um diese Zeit waren unter der Geburt das erste Mal die Herztöne für kurze Zeit weg. Aufgehört zu schreien hat sie immer meist so gegen halb vier um vier, ihre Geburtszeit war 3:42 Uhr. Auch zum Schluss der Geburt waren ihre Herztöne weg und sie musste nach der Geburt beatmet werden. Dieser Zustand des Schreibaby-Syndroms hielt sich ganze 11 Monate.

5 Therapie- und Behandlungsmöglichkeiten

Es gibt einige verschieden Therapie- und Behandlungsmöglichkeiten einige davon hat die Verfasserin in diesem Kapitel aufgeführt. Die Osteopathie deckt zum Beispiel Disharmonien in den einzelnen Bewegungsabläufen auf und lindert sie. Dies geschieht mit genauer Kenntnis der Anatomie und verschiedenen sanften Techniken der Osteopathie, wie zum Beispiel bei der Craniosacralen Therapie.[31] Bei der Craniosacralen Osteopathie spürt der Osteopath die Beweglichkeit der einzelnen Schädelknochen, die rhythmische Bewegung des Liquors und der Hirnhäute auf.[32] Des weitern gibt es die Möglichkeit der Psychotherapie, zum Beispiel in Form einer Traumatherapie. Denn was einen Menschen in diesem Pränatalen Abschnitt erfährt, wird sein ganzes Leben bestimmen. Der Sinn dieser Therapie ist es, die frühsten Verletzungen in Form eines Traumas die sich im Unterbewusstsein manifestiert haben, zu öffnen, auszuhalten und zu lernen mit ihnen umzugehen.[33] Weitere Therapie- und Behandlungsmöglichkeiten sind: Familientherapie, Babymassage und die Schreibaby-Ambulanz. Neben diesen Therapien ist eine gute Eltern-Kind-Beziehung ein bedeutender Faktor um ein Trauma zu verarbeiten. Dies geschieht durch Vertrauen, Mitgefühl, Anerkennung, körperlicher Nähe und Liebe.[34]

Disharmonie: Unstimmigkeit, Gegensatz zu Harmonie
Liquors: Flüssigkeit des Nervensystems

[31] Vgl. http://www.osteopathie-dietze.de/kinderosteopathie.php zugriff 03.01.2018 13:30
[32] Zitat https://www.naturheilkunde-berlin.eu/osteopathie/craniosacrale_osteopathie/ zugriff 03.01.2018 13:40
[33] Vgl. http://www.franz-renggli.ch/de/kurse.html zugriff 03.01.2018 13:45
[34] Vgl. http://www.hebammenwissen.info/geburtstrauma-beim-baby/ zugriff 03.01.2018 13:45

6 Empirischer Teil

6.1 Einleitung

In diesem Kapitel möchte die Verfasserin die Theorie und Ihre aufgestellte These „Ereignisse während und vor der Geburt, haben Einfluss auf unser ganzes Leben." anhand von Interviews beleuchten. Die Verfasserin hat sich für ein qualitatives Verfahren, des Fragebogen Interviews entschieden, um besser auf die einzelnen Personen eingehen zu können und verschiedene Zielgruppen gezielt anzusprechen. Im Anhang dazu befindet sich der Fragebogen, den die Verfasserin anhand des theoretischen Teils entwickelt hat. Dabei hatte sie sich für eine 33 Jährige Heilpädagogin entschieden, die in einer Kindertageseinrichtung mit offenem Konzept in einer sächsischen Großstadt als Erzieherin im Kindergarten tätig ist und ein Kind selber im Kindergartenalter hat, sowie einen fünf Jährigen Sohn, der nach seiner Geburt verstarb. Des Weiteren hatte die Verfasserin sich für eine 40 Jährige Mutter aus einer ebenfalls sächsischen Großstadt entschieden. Diese ist Mutter von Zwillingen im Kindergartenalter und hat keinen Sozialen Beruf. Als dritten Interviewpartner, wählte sie eine 28 Jährige Mutter aus, die gerade ihr erstes Kind geboren hatte und noch einen engen Kontakt zu ihrer Hebamme pflegt. Auch diese Mutter lebt in einer sächsischen Großstadt und hat keinen Sozialen Beruf.

6.2 Auswertung

Als erstes wollte die Verfasserin wissen, ob sie schon einmal den Begriff Geburtstrauma gehört haben und wenn ja wo und in welchem Zusammenhang. Hier war es so, das zwei Interviewpartner diesen Begriff schon einmal gehört haben, weil sie von sich ausgehend selber über das Thema belesen haben. Sie taten es aus dem Grund, weil sie das Thema sehr Interessant finden. Eine Person hatte ihn noch gar nicht gehört und sich auch noch nie Gedanken darüber gemacht. Sich den Begriff zu definieren konnten alle, mit unterschiedlichen Angaben. Sie definierten es sich Folgendermaßen, eine Person brachte es in Zusammenhang mit der Geburt an sich und auftretende Komplikationen bei Mutter und Kind. Eine weitere Person brachte es in Zusammenhang mit einer Depression, die die Mutter nach der Geburt erleiden kann oder einer Fehlgeburt/Todgeburt. Eine Interviewpartnerin brachte es mit Verspannungen des Säuglings nach der Geburt in Verbindung und mit verschiedenen Schreiphasen bei schwierigen Geburten, sowie Komplikationen während der Geburt.

Des Weiteren definiert sie den Begriff auch mit einer psychischen Belastung der Mutter nach der Geburt. Alle drei waren sich einig, dass jedes Kind seine eigene Geburt als ein fühlendes Wesen miterleben kann. Bei der Frage was Auslöser für eine Traumatische Geburt sein können, nannten hier alle die Komplikationen, Zangengeburt, Kaiserschnitt und Nabelschnur um den Hals gewickelt, sowie Stress unter der Geburt für Mutter und/oder Kind. Eine Person sagte auch, dass sie gelesen hatte, dass sich der Stress der Mutter durch die gebildeten Stresshormone auf das Kind übertragen kann. In diesem Zusammenhang las sie auch, dass es zum Trauma kommen kann, wenn das Kind direkt nach der Geburt von seiner Mutter getrennt wird. Zwei Personen konnten es sich sehr gut vorstellen, dass es Auswirkungen auf einzelne Verhaltensweisen geben kann. Eine zum Beispiel bei Schreibabys. Sie wissen aber allerdings nichts weiter darüber. Die dritte Person berichtete von Erfahrungen, dass Kinder empfindlich an der Kopfregion reagieren zum Beispiel bei dem Haare kämmen oder streicheln über dem Kopf. Jedoch ging sie davon aus, dass Traumata durch eine sichere und geborgene Zuwendung dem Säugling gegenüber in den Hintergrund geraten. Bei den Folgen, die eine traumatisch erlebte Geburt haben kann, berichteten sie über Folgeschäden der Motorik. die in Folge von unerkannten Verspannungen auftreten können. Eine Interview Partnerin hatte gelesen, dass Kinder Allergie anfälliger sind, die per Kaiserschnitt auf die Welt gekommen sind. Diese Mutter kann sich auch gut vorstellen, dass es Folgen durch die Trennung der Mutter direkt nach der Geburt geben kann, da dies viel mit Urvertrauen ein her geht und sich auf das Selbstbewusstsein ausprägt. Zu der nächsten Frage, ob sie Kinder kennen, die überdurchschnittlich oft den Satz „Ich kann nicht" verwenden. Antworteten alle mit Nein und/ oder das sie in diesem Zusammenhang auch noch nie darauf geachtet haben. Ob das ganze Thema Geburtstrauma eine Rolle für ihr Berufsleben und/oder Privatleben Bedeutung hat, antwortete nur eine Mutter in beiden Fällen mit Nein. Eine andere Mutter hatte auch schon Berührungspunkte im Berufsleben, die in die Richtung der Depression bei der Mutter nach der Geburt gingen. Sie findet dieses Thema auch sehr interessant und war mit ihrem Kind schon einmal bei einem Osteopath. Für die dritte Person spielt es im Berufsleben eine sehr große Rolle, um Hintergrundwissen über ein Kind zu erlangen und um auf sein Verhalten besser eingehen zu können. Zum Beispiel im Hinblick auf Frühchen. Aber auch für das Verhalten der Eltern im Umgang mit dem Kind. Im Privatleben spielte es eine große Rolle, nach dem ihr erstes Kind verstarb, um ihre eigene traumatische Geburt zu verarbeiten.

7 Handlungskonzept

7.1 Einleitung

Es ist von großer Bedeutung, Wissen über das Thema Geburtstrauma als Hintergrundwissen zu haben und anzuwenden. Wichtig ist dies, um das Verhalten des Kindes in verschiedenen Situationen besser verstehen zu können, um ihm eine Bedeutung und einen Sinn zuzusprechen. Damit man die verschiedenen Merkmale oder Verhaltensauffälligkeiten im Zusammenhang mit einem Geburtstrauma richtig deuten kann, sollte Folgendes Wissen in einer Pädagogischen Einrichtung vermittelt werden.

7.2 Teamfortbildung Einführungskurs in das Thema Geburtstraumata

In dieser Teamfortbildung geht es um eine Einführung in das Thema Geburtstrauma. Durchgeführt wird dies durch ein pädagogisches Teammitglied, das bereits Hintergrundwissen hat, oder Extern über Beispielsweise Hebammen, die sich dieses Wissen angeeignet haben. Die Fortbildung hat einen Rahmen von drei Stunden und findet in einem angemessenen großen Raum statt, mit der Möglichkeit sich Notizen zu machen. Visualisiert und gemeinsam dokumentiert wird dies mittels Flipchart. Ein weiterer Flipchart sollte zu Verfügung stehen, um Fremdwörter zu dokumentieren und gemeinsam zu definieren. Als erstes wird der Begriff Geburtstrauma gemeinsam definiert, um sich einen ersten Einblick zu diesem Begriff zu verschaffen. Danach werden die einzelnen Phasen einer Geburt per Kaiserschnitt und der Vaginalen Geburt beleuchtet, um so einen ersten Eindruck zu verschaffen, was unter einer Geburt geschieht und unter welcher Phase welches Geburtstrauma entstehen kann. Vorgetragen wird dies anhand von Beispielen. Nach diesen Phasen wird aufgezeigt, was Perinatale Ursachen und Auslöser für ein Geburtstrauma sein können. Im Anschluss wird auf die Symptome und Folgen eingegangen. Diese sind, das Inkompetenzsyndrom, Erinnerungen und Ausdruck im Verhalten, verschiedene Ängste, Störungen der Mutter-Kind-Bindung und das Schreibaby-Syndrom. Zusammen wird hier überlegt ob man schon einzelne Beobachtungen gemacht hat, die man jetzt in Zusammenhang bringen kann.

Als letztes wird dann kurz auf das Thema Therapie eingegangen, damit man weis, dass es verschiedene Möglichkeiten und Ansprechpartner gibt an die man sich wenden kann. Im Anschluss wird darauf hingewiesen, Eltern bei einem Erstgespräch nach der Geburt zu befragen, in dem man sich im Vorhinein einen Fragebogen mit dem Team erarbeitet. Diese Fragen sollten wie folgt sein, gab es Komplikationen während der Schwangerschaft und/oder der Geburt, war es eine vaginal oder Kaiserschnitt Geburt, war es eine lange Geburt, gab es eine Trennung direkt nach der Geburt und wurden Hilfsmittel wie zum Beispiel die Saugglocke oder Zange eingesetzt? Wenn man die Fragen mit den Eltern bespricht, muss man offen mit ihnen umgehen und ihnen zu verstehen geben, dass man diese Informationen benötigt, um das Verhalten des Kindes in verschiedenen Situationen besser verstehen zu können. Des Weiteren sollte Material zur Verfügung stehen, damit interessierte Eltern sich mit diesem Thema näher beschäftigen können. Eine weitere Möglichkeit ist es bei Bedarf einen Elternabend zum Thema Geburtstrauma zur Verfügung stellen. Zum Abschluss der Teamfortbildung findet eine Auswertung statt. In dieser wird noch einmal besprochen, ob dieses erlangte Hintergrundwissen jetzt eine Bedeutung für die Arbeit mit den Kindern hat, was sich jeder für seinen Alltag im Kindergarten mitnehmen kann, ob sie dieses erlangte Wissen weiter tragen würden und ob sie es von großer Bedeutung finden, wenn dieses Thema von Anfang an in einer pädagogischen Ausbildung gelehrt werden würde. Zur Information und zum Nachlesen müssen zum Schluss noch die Quellenangaben genannt werden.

8 Fazit

Fakt ist, das Babys sich an ihre Geburt erinnern können und Tatsache ist es auch, das sich Erlebnisse vor und während der Geburt in das Gehirn und das Nervensystem einprägen. Dies wurde in den letzten Jahrzehnten immer mehr erforscht und erkannt. Dank Forschungsergebnissen und Erkenntnissen aus Therapien bekommt dieses Thema immer mehr seine Anerkennung. Eine große Bedeutung hat hierbei die Geburt. Die Erfahrungen, die während der Geburt entstehen, prägen einen Menschen und können die emotionale und psychische Entwicklung beeinflussen und somit auch unser gesamtes Leben. Die Forschungen vor allem im pränatalen Bereich sind sicher noch nicht am Ende angelangt. Um ein noch besseres Verständnis für die Zusammenhänge zu bekommen und um sie noch besser verstehen zu können, müssen sie noch weiter untersucht werden. Manchmal lässt sich ein Geburtstrauma nicht vermeiden, zum Beispiel wenn unter der Geburt eine Saugglocke, eine Zange oder Medikamente zum Einsatz kommen müssen. Aber man kann das Wissen der Forschungsergebnisse und die Erkenntnis der Therapien dazu nutzen, um es dem Kind nach der Geburt so angenehm wie möglich zu gestalten, damit es erste positive Gefühle erfährt und die negativen Gefühle etwas in den Hintergrund rücken können. Es hängt auch weiter davon ab, ob und welche Möglichkeiten dem Kind zur Verarbeitungen gegeben werden. Des Weiteren hängt es auch stark davon ab, welche Erfahrungen es in seiner frühen Kindheit macht. Jedoch wird dies alles nicht oder nur zu einem sehr geringen Teil von Hebammen, Kinderärzten oder sonstigen Einrichtungen vermittelt und auch nicht in pädagogischen Berufen gelehrt. Da dies alles aber wichtig ist für die Entwicklung der Kinder, ist es eine wichtige Aufgabe nicht nur Eltern dieses Wissen näher zu bringen sondern auch Beispielsweise PädagogInnen, ErzieherInnen und KinderärztInnen.

9 Quellenangabe

9.1 Literaturquellen:

Bloemke, Viresha J.:
Es war eine schwere Geburt .... Wie traumatische Erfahrungen verarbeitet werden können. 3,München:Kösel-Verlag Verlagsgruppe Random House GmbH 2012.

Janov, Arthur:
Frühe Prägungen. Ulm: Franz Spiegel Buch GmbH 1984.

Emerson, William:
Leben, Geburt, Wiedergeburt und ihre verwirrende Wiederspiegelungen. In: Janus Ludwig (Hrsg.): Behandlung von Geburtstraumata bei Säuglingen und Kindern. Gesammelte Vorträge. Heidelberg: Emmerson Training Seminars Mattes Verlag 2012.

Ludwig, Janus:
Der Seelenraum des Ungeborenen. Pränatale Psychologie und Therapie.3, Ostfildern: Patmos Verlag der Schwabenverlag AG 2011.
Wie die Seele entsteht. Unser psychisches Leben vor und nach der Geburt. München: Deutscher Taschenbuch Verlag GmbH & Co. KG 1993.

Solter, Aletha J.:
Warum Babys weinen. Die Gefühle von Kleinkindern. München: Kösel-Verlag GmbH & Co 1987.

Harms, Thomas:
Auf die Welt gekommen. Die neuen Baby-Therapien. Berlin: Ulrich Leutner Verlag 2000.

Hobmair, Hermann (Hrsg.):
Pädagogik. 6 Auflage, Köln: Bildungsverlag EINS GmbH 2016.

9.2 Internetquellen:

Duden :

http://www.duden.de/rechtschreibung/Geburtstrauma zugriff 03.01.2018 12:30

Hebammenwissen:

http://www.hebammenwissen.info/geburtstrauma-beim-baby/ zugriff 03.01.2018 13:45

http://www.hebammenwissen.info/blaehungen-und-koliken-als-ursache-fuer-abendliche-schreistunden/ zugriff 03.01.2018 13:56

Franz Renggli:

http://www.franz-renggli.ch/de/kurse.html zugriff 03.01.2018 13:45

Naturheilkunde Berlin:

https://www.naturheilkunde-berlin.eu/osteopathie/craniosacrale_osteopathie/ zugriff 03.01.2018 13:40

Praxis für Osteopathie und Kinderosteopathie:

http://www.osteopathie-dietze.de/kinderosteopathie.php zugriff 03.01.2018 13:30